Pamard.

L n° 1692

ÉLOGE
DE M. PAMARD,

Lu à la Séance publique de l'Athenée de Vaucluse le 5 Vendémiaire an XI, par JEAN-BAPTISTE-ANTOINE-BENEZET PAMARD, Membre ou Associé de plusieurs Sociétés savantes.

A AVIGNON,

Chez J.-J. NIEL, Imprimeur-Libraire, place du Change.

L'an XI de la République française.

ÉLOGE
DE M.r PAMARD.

Rappeler à la mémoire des hommes ceux dont la vie entière a été consacrée à leur utilité, c'est acquérir un double droit à leur reconnoissance, puisque c'est d'une part acquitter la dette de la société, et de l'autre faire naître l'émulation qui, à son tour, est capable d'enfanter les plus grandes choses. Lorsque Henri IV entendit dans le parlement, nommer Louis XII le père du peuple, il se sentit pénétré du desir de l'imiter, et il le surpassa.

Ma voix est foible, mon jugement n'est pas d'une autorité imposante; je ne dois point me flatter de déterminer mes semblables à de grands dévoûmens, d'allumer en eux la flamme du génie, les sentimens que je conserve pour l'homme dont je veux vous entretenir, les liens qui m'attachoient à lui peuvent rendre d'ailleurs mon hommage suspect; mais s'il reçoit votre suffrage, si mon discours n'est rien que l'expression de ce que vous avez vous-même pensé, mon espérance ne sera point trompée, vous justifierez mon entreprise et vous lui donnerez tout l'effet que je m'en promets.

Pierre-François-Benezet Pamard nâquit à Avignon le 7 Avril 1728. Son Père chirurgien estimable le destina dès le berceau à lui succéder et à soutenir ainsi la réputation de ses ancêtres, qui depuis plus d'un siècle exerçoient la chirurgie avec distinction dans cette ville. Les premières années de sa vie furent dont soigneusement cultivées. L'éducation perfectionna les dons de la nature. Vivacité, ardeur de tout savoir, promptitude à tout saisir, à tout comprendre, facilité à exprimer ce qu'il avoit conçu, telles furent les qualités qui annoncèrent le rang que le jeune élève occuperoit un jour parmi les Maîtres de l'Art.

Placé de bonne heure à l'hôpital d'Avignon, envoyé ensuite à Montpellier, à Paris, par-tout il se livra à son penchant pour l'étude. Si son travail fut soutenu, ses progrès furent rapides. Il conçut pour l'Anatomie un goût particulier. Il sentit d'abord, combien il est important de connoître avec exactitude l'organisation du corps humain, quand on se destine à remédier aux dérangemens dont il est susceptible.

A la faveur du dessin, dans lequel il excelloit, il copia des planches d'Anatomie, il en copia tant, qu'il épuisa toutes les collections de planches anatomiques connues. (*a*) Par ce travail il devint, pour ainsi dire, anatomiste sans jamais avoir vu de cadavres. La dissection acheva de perfectionner ce que le dessin avoit si bien commencé.

Il ne négligea aucun moyen de s'instruire. Les Sciences, qui n'ont que des rapports éloignés avec l'art de guérir, fixèrent souvent son attention et partagèrent ses momens; il sut encore en donner aux belles-lettres pour lesquelles il eut toujours

---

(*a*) Il grava lui-même la belle tête anatomique qui se trouve dans les mémoires de l'Académie de Prusse.

beaucoup d'attraits. Il revint à Avignon bien disposé à imiter les grands hommes dont les conseils et l'exemple lui avoient été si utiles.

Sa réputation l'y avoit précédé. Des occasions de prouver ses talens ne tardèrent pas à se présenter. Des succès multipliés justifièrent l'opinion qu'on en avoit conçue et lui attirèrent beaucoup de considération. Il en fut flatté, mais la présomption, si ordinaire à son âge et aux gens heureux, n'étouffa point les lumières de son jugement. Si ses premiers pas dans la carrière qui s'ouvroit devant lui furent heureux, il reconnut pourtant qu'on ne pouvoit s'y soutenir avec gloire qu'à force d'attention et de prudence; il y rencontra des difficultés qu'il n'y avoit pas soupçonnées. En effet, il n'est point d'art aussi difficile, aussi étendu que celui de guérir et où les cas soient aussi multipliés et aussi variés. Les Praticiens seuls connoissent combien la nature est bizarre. La même maladie se montre rarement sous le même aspect; jamais la même opération ne peut se faire de la même manière. Un seul exemple peut démontrer cette vérité. Je prends l'opération de la Cataracte. On croiroit à en juger par la nature de l'organe, sur lequel on la pratique, qu'on doit toujours procéder uniformément; l'œil paroît être à peu-près le même chez tous les individus; c'est lui qu'il faut attaquer; on agit toujours à découvert; on ne perd pas les instrumens de vue; il ne faut qu'inciser la cornée transparente, la cristallo-antérieure, extraire le cristallin, tout cela peut être fait dans un instant; d'où peuvent donc naître les variétés, les difficultés ? J'en citerai seulement quelques-unes.

Les paupières sont plus ou moins ouvertes, elles sont quelquefois foibles, elles se laissent gouverner aisément ; d'autres fois leur contractilité est telle, qu'on a toutes les peines possibles à les contenir ; le globe de l'œil est tantôt gros, tantôt petit ; il est saillant ou enfoncé, d'une mobilité souvent excessive ; la cornée transparente tantôt mérite son nom, alors elle est dure comme de la corne ; tantôt elle est tendre comme du canepin, et cède au moindre effort : l'iris, l'ouverture de la prunelle, le volume, la consistance de la cataracte, sa manière d'être dans la capsule sont autant de circonstances dont on sent bien la différence et qui commandent des procédés entiérement opposés.

Ces difficultés n'arrêtèrent pas celui qui jusqu'alors avoit triomphé de tout, il se promit de les vaincre et il fut fidelle à sa promesse. Ce n'étoit pas seulement des difficultés qu'il falloit vaincre, c'étoit des fautes qu'il falloit ne point commettre, et quelles fautes que celles que l'on peut faire dans l'exercice d'un art qui rend dépositaires de la vie des autres ! Plus elles sont graves, plus elles sont irréparables, plus l'homme que la natnre a doué de beaucoup de sensibilité, doit faire d'efforts pour les éviter. Ce fut ce qui arriva. L'observation, la méditation, l'étude continuèrent à diriger, à éclairer la pratique du nouveau maître, aussi fut-elle généralement très-heureuse.

Une place de Chirurgien-Major à l'hôpital-général vint à vaquer : la voix publique l'y appella : l'administration la lui offrit, il l'accepta. Celui qui s'étoit toujours montré l'ami des malheureux se vit avec plaisir pourvu d'un emploi qui alloit lui fournir les moyens d'en devenir pour ainsi dire le père. Il le fut en effet, il rétablit dans l'hôpital la pratique des grandes opérations, il y introduisit celle de la cataracte par extraction qu'on n'y avoit pas faite avant lui.

La reconnoissance et de nouveaux succès étendirent beaucoup sa réputation, elle pénétra chez les étrangers et on les vit venir en foule pour le consulter sur des maux qui avoient résisté à l'habilité même. On l'appelloit auprès de ceux que des maladies graves retenoient chez eux, et c'eût été en quelque sorte une tache pour une famille que d'avoir laissé mourir un malade intéressant sans l'avoir fait visiter par lui. Lyon, Grenoble, Genève, Toulouse, Montpellier, Nismes, Marseille et beaucoup d'autres villes, grandes et petites furent le théâtre de sa gloire et du bonheur qui l'accompagnoit par-tout. J'étois souvent de ses voyages. Quels effets devoient naturellement produire sur moi les scènes dont j'étois le témoin ! Je partageois ses plaisirs, et c'en étoit de bien grands que ceux que nous causoient les marques de considération qu'on nous donnoit. A peine étions-nous arrivés, qu'on eut dit que toute la ville en étoit instruite. On accouroit, on s'empressoit autour de nous. C'étoit un combat, bien fait pour nous flatter, entre ceux que le besoin, la confiance, l'amitié, la reconnoissance ou la simple curiosité attiroient sur nos pas.

C'étoit bien un autre mouvement autour de la maison dont le chef venoit d'être rendu à la vie. Chacun vouloit voir cet homme étonnant qui guérissoit les *pierreux*, éclairoit les aveugles, redressoit les boîteux, qui obtenoit en un mot de son art les prodiges de la religion ; un concert de bénédictions et de louanges se répandoit dans tous les quartiers ; la foule qui nous suivoit, celle qui nous attendoit à notre logement étoient extraordinaires ; chacun vouloit avoir son opinion ; tous se croyoient guéris ou sur le point de l'être dès qu'il avoit parlé ; le temps s'écouloit, nos besoins étoient oubliés pour satisfaire à ceux des autres. De nouvelles consolations à donner, de nouveaux services à rendre nous attendoient au sortir d'un court repas. Les vœux et les témoignages de la reconnoissance publique nous accompagnoient jusqu'à notre voiture, ils y montoient pour ainsi dire avec nous, puisque les souvenirs qu'ils nous laissoient faisoient les délices du voyage dont ils ne nous permettoient pas de sentir les fatigues.

Ce n'étoit pas seulement les malades qui consultoient Mr. Pamard; ses confrères eux-mêmes rendant justice à la supériorité de ses talens et à la bonté de son cœur, s'adressoient à lui avec confiance pour en obtenir les conseils dont ils avoient besoin pour se guider dans des cas difficiles. Il répondoit à tous avec une exactitude scrupuleuse, et malgré la multiplicité de ses occupations, il entroit dans les détails les plus minutieux; jamais il ne croyoit avoir tout dit, tant il avoit à cœur de les voir réussir. Qui peut calculer le bien qu'il a fait de cette manière ? Combien d'ouvertures données, de plans suggérés ou réformés, etc. Sa correspondance fournit mille preuves de la part qu'il eut à des succès dont d'autres eurent toute la gloire et le profit. Content de multiplier ainsi son existence, le plaisir d'être utile lui tenoit lieu de récompense.

Son exemple ne contribua pas moins que ses conseils à faire des hommes utiles. En pratiquant ses opérations devant tous, il montroit encore quel est l'esprit que l'on doit apporter dans ces sortes de travaux. Le vulgaire envisage la chirurgie avec une sorte d'effroi. Personne ne posséda mieux que M. Pamard le talent d'en adoucir les formes et ne sut mieux que lui concilier l'aménité des manières avec la fermeté qui assure le succès des opérations. Doux et compatissant envers les malades il savoit si bien les persuader, s'emparer de leur esprit, de leur confiance, il les ranimoit tellement par l'espérance d'une prochaine guérison, qu'il leur faisoit oublier la rigueur des procédés qui les y conduisoient avec violence. L'opérateur disparoissoit pour ne laisser voir que l'ami de l'humanité qui soutient, qui console et dont la voix affectueuse adoucit nos maux, dans le tems qu'il se dispose à nous en délivrer.

M. Pamard ne se contenta point d'honorer son art, il le perfectionna. Il imagina plusieurs instrumens pour la plus grande facilité de diverses opérations. L'un d'eux, relativement à son importance, est généralement connu.

L'avantage qu'il donne de fixer l'œil pendant l'opération de la cataracte, le place au rang des découvertes les plus utiles à l'humanité. Cet instrument, auquel il donna le nom de *Trèfle*, par rapport à sa ressemblance éloignée avec la feuille de la plante qui porte le même nom, essuya quelques contradictions, comme tout ce qui est bon, on fit quelques objections contre son usage, on lui attribua des inconvéniens, puis on l'adopta en France, comme chez l'étranger ; l'amour-propre seulement voulut le déguiser, en donnant au manche différentes formes, mais l'instrument au fonds n'en est pas moins le même.

Les Bordenave, les Morand, qui furent chargés de l'examiner, pour en faire un rapport à l'Académie, sentirent d'abord de quelle utilité il pouvoit être, ils s'empressèrent d'en faire compliment à l'Inventeur, ils accueillirent avec distinction le mémoire dans lequel l'instrument étoit décrit, et sur leur rapport, l'Académie fit à l'Auteur l'honneur de le nommer associé correspondant en 1761.

Loin de se prévaloir de ce titre, notre académicien vécut comme il l'avoit fait toujours, il étudia, travailla, il perfectionna ses connoissances et vit sa réputation s'aggrandir au point que plusieurs villes des plus importantes voulurent l'attirer à l'envi, et le fixer dans leurs murs. L'Administration consulaire de la ville d'Avignon sentant la perte que la cité auroit faite dans la personne de mon père, et voulant d'ailleurs recompenser son zèle infatigable envers les pauvres, lui décerna en 1767, une pension honoraire et annuelle de 500 livres, sans autre charge que celle de ne point abandonner sa patrie. Il n'eut point de peine à souscrire à un engagement que son cœur avoit formé d'avance. Il aimoit son pays autant que son état.

Il n'est pas inutile d'observer qu'il étoit absent depuis plus de 15 jours quand il fut honoré de cette pension et du titre qu'elle donne. Cet éloignement exclut toute idée de brigue ; c'est un moyen qu'il ne connut jamais.

Son désintéressement connu ne contribua pas moins à la distinction qu'il reçut de la part de l'Administration, que sa conduite envers les habitans. Jamais les tribunaux n'eurent à juger aucune affaire d'intérêt entre lui et ceux qu'il avoit servis. Il éprouvoit même une peine qu'il ne put jamais surmonter en recevant le prix que les riches mettoient à ses services, aussi plusieurs d'entre eux profitant des dispositions de son cœur, la lui épargnèrent volontiers. Il n'en fut pas moins poli, et empressé à leur égard, car ce qu'il aimoit le plus dans son état, c'étoit moins les émolumens qu'il en retiroit, que le bien qu'il le mettoit dans le cas de faire. « Ne

» ressemblons point, disoit-il, à ces hommes avares
» et durs, dont l'argent seul est le mobile, qui sem-
» blent l'avoir mis à la place de leur cœur, et qui,
» froids comme ce vil métal, ne comptent leurs ser-
» vices que par les sommes qu'ils en ont retirées:
» s'ils donnent la santé d'une main, de l'autre ils
» abrègent la durée de la vie, en arrachant aux
» malheureux les moyens de la soutenir. »

Je n'ai encore parlé que de faits dont la notoriété est publique ; en voici, qui pour être moins connus, ne méritent pas moins de trouver ici leur place. Combien d'hommes se croient dégagés de tout quand ils ont rempli certains devoirs extérieurs, quand ils ont satisfait à quelques obligations de leur état, et qui se livrent ensuite à leurs amusemens, à leurs plaisirs pour se dédommager de leurs fatigues. Celui dont je parle ne fut point de ce nombre : est-il de retour chez lui, il ne s'y dérobe à personne, tous ceux qui ont besoin de lui peuvent se présenter, jamais il ne se croit quitte de son ministère. On le trouve au-dedans ce qu'on l'a vu au-dehors. Qui put jamais s'appercevoir d'aucune humeur, d'aucun signe d'impatience, à quel malade refusa-t-il ses secours et ses consolations, à qui ne permit-il pas de lui dire les choses nécessaires et celles qui ne l'étoient pas ? il faut pourtant en convenir, rien n'est plus propre à fatiguer les gens d'étude. Pour lui, il écoute avec politesse, avec intérêt même les consultans les plus discoureurs, il se complaisoit même dans ces scènes qui eussent été fastidieuses et accablantes pour tout autre, parce que, disoit-il, « j'ai souvent mieux surpris, deviné la nature
» dans l'exposé simple et fidelle d'un malade, que
» dans de longs mémoires à consulter, faits par des
» gens qui, quoique habiles d'ailleurs, étouffent quelque-

» fois la vérité et la font disparoître sous leurs préven-
» tions ou sous le voile de mots dont ils croient devoir
» la revêtir. » En effet, rien n'égaloit sa pénétration et
sa sagacité, il avoit ce qu'on appelle le coup d'œil
d'une justesse et d'une promptitude singulières. Une
étincelle, un seul trait de lumière venoit-il à luire
pour lui, c'en étoit assez, son génie s'enflammoit et
répandoit le plus grand jour sur tous les points de
l'objet. Ce qu'il avoit ainsi vu l'instruisoit à connoître
le reste; le plus difficile alors étoit fait, le mal
étoit connu, il ne s'agissoit plus que d'y remédier
et son esprit fécond en ressources en trouva souvent dans des cas qui avoient parus désespérés. Le
plan du traitement conçu, il le traçoit avec beaucoup d'élégance et de clarté, il recommandoit qu'on
l'exécutât avec exactitude, il en faisoit sentir les
avantages, il en promettoit le succès. Les lumières
qui l'avoient frappé le rendoient confiant dans l'évé-
nement; son assurance, sa fermeté encourageoient
les malades, déjà guéris à moitié par l'heureuse
disposition d'esprit où il les mettoit.

Lui laissoit-on quelques loisirs, il savoit les mettre à profit toujours d'une manière utile. Entre les
objets qui l'occupoient dans ces momens, il en est
un qu'on ne me pardonneroit pas de passer sous
silence. La pratique lui faisoit connoître tous les
jours, de plus en plus, l'utilité des connoissances
anatomiques. Quoiqu'il en posséda de fort exactes,
il sentoit le besoin de les entretenir. Mais comment y satisfaire ? cela n'étoit pas facile. On
n'a pas dans les petites villes des cadavres humains
en grand nombre, ni dans les tems qu'on les vou-
droit. Un certain préjugé, assez fort dans ce temps-
là, et dont on n'est pas bien revenu encore, faisoit
regarder la dissection des cadavres comme une

sorte de profanation ; à peine la permettoit-on quand l'intérêt de la famille commandoit ce sacrifice. Comment parer à tant d'inconvéniens ? Sa résolution fut bientôt prise ; en figurant en carton, en papier maché, en filasse et autres substances aisées à mettre en œuvre les différentes parties du corps humain. On sent la difficulté de l'entreprise.

L'embarras qu'il éprouva dès le début le décida presque à renoncer à l'ouvrage. Comment représenter les humeurs des yeux ? On ne pouvoit le faire qu'avec des verres ; il en fit donc tailler d'une manière convenable pour figurer ces humeurs, cela fut d'autant plus possible, qu'elles ressemblent plutôt à des corps transparens solides, qu'à des liqueurs coulantes, aussi y réussit-on parfaitement. C'est la seule part qu'une main étrangère ait eue au travail, lui seul fit tout le reste. Il enveloppa successivement ces humeurs de leurs tuniques, pourvut celles-ci de leurs vaisseaux, de leurs nerfs, des muscles destinés à mouvoir tout le globe ; il réussit en un mot si bien à imiter l'œil humain, qu'il ne douta plus du succès dans tout le reste.

Cet œil fait, il falloit des paupières, un orbite, l'orbite supposoit la présence du crâne ; celui-ci entraînoit à la fabrication d'un cerveau, etc. Il s'occupa tour-à-tour de chacun de ces objets, les mit en rapport, les y maintint au moyen d'agraffes, de tenons, de crochets ; il imagina différentes coupes pour découvrir les parties internes, il laissa la plupart des externes mobiles, faciles à enlever ; enfin, le travail achevé il eut une tête beaucoup plus grosse que nature, mais si exacte, si bien faite qu'elle a toujours été considérée comme un chef-d'œuvre par les savans nationaux et étrangers qui le visitoient et auxquels il se plaisoit de la montrer. Cette pièce existe encore dans mon cabinet, elle fait regretter que le reste du corps, qui offroit moins de difficultés, n'ait pas été imité par la même main.

Les circonstances s'y opposèrent, il avoit fallu cinq ans pour faire la tête, la vie entière de l'artiste n'eut pas suffi pour achever le corps. Le soin des malades, les voyages et le travail du cabinet qui alloit toujours croissant ne lui laissèrent plus le temps dont il auroit eu besoin pour cet objet.

Au milieu des occupations les plus attrayantes, des travaux qu'il affectionnoit le plus, s'il falloit venir au secours de quelqu'un, sans murmurer il abandonnoit tout. Pénétré du sentiment de ses devoirs, il leur sacrifioit toujours ses goûts. Ses malades étoient l'objet principal de ses sollicitudes, les soulager, les guérir, voilà ce qui l'occupoit essentiellement; un penchant irrésistible l'entraînoit sans cesse vers ce but, il fit tout pour l'atteindre. Aussi rien ne lui paroissoit-il pénible, ni au-dessous de lui. Les objets les plus minutieux ne lui sembloient pas indignes de son attention. Peut-on dédaigner quelque chose dans un art où tout est de conséquence ? Un appareil, une situation, l'application d'un simple bandage n'ont-ils pas une influence marquée sur le traitement de telle ou telle maladie ? Point de délais, de négligences coupables, ces pratiques déshonorantes qui naissent de l'indolence, quelquefois même, il faut le dire, d'un vil intérêt, Mr. Pamard les eut toujours en horreur; avec quel empressement ne l'ai-je pas vu venir au secours de ceux qui en avoient été les victimes! Combien de malades n'ai-je pas vu guérir et pour lesquels il ne lui fallut que supprimer les pansemens meurtriers qui perpétuoient leur infortune et leurs douleurs. Reconnoissant envers la nature qui sembloit lui avoir dévoilé ses mystères, on ne le vit jamais lui disputer la part qu'elle avoit à la guérison.

Jamais on ne le vit non plus abuser de la confiance, de la crédulité des malades, exagérer les services qu'il leur rendoit pour leur paroître plus recommandable et s'attirer plus de droits à leur reconnoissance. Jamais, à l'exemple de tant d'autres, il ne donna comme des remèdes importans, comme des secrets exclusifs des moyens de guérison que l'on peut également trouver par-tout.

Combien de fois au contraire, telle personne qui étoit venue chez lui, tourmentée par la crainte d'être affectée d'un mal affreux s'en retiroit consolée et surprise d'apprendre qu'elle n'avoit qu'un mal léger. Cette vérité, qui est aujourd'hui généralement reconnue, Mr. Pamard l'avoit apperçue il y a déjà long-temps, qu'il existe des maladies chez les individus des deux sexes, qui, avec tout l'appareil des symptômes, appartenant à quelques maladies vénériennes ne sont pourtant que des indispositions simples, passagères où le libertinage n'a point de part, mais qui dépendent simplement d'une altération de la constitution, occasionnée par des causes innocentes. Des excès de travail, la fatigue, un régime un peu trop échauffant suffisent souvent pour le produire.

Ah ! je me rappelle sa joie quand il eut reconnu une maladie de ce genre chez un homme honnête, mais bouillant et jaloux. C'en étoit fait, l'époux alloit vouer au déshonneur l'épouse qui dans son opinion l'avoit inhumainement trompé ; privés de leur mère, deux êtres innocens étoient menacés de perdre, avec les fruits de leur première éducation, les sentimens qu'ils devoient aux auteurs de leurs jours: la honte, le désespoir alloient être le partage de toute la famille, quand la candeur et les lumières de M. Pamard firent cesser tout désosdre en dissipant d'un mot les funestes préventions de son chef, trop prompt à s'enflammer.

Combien de faits intéressans j'aurois encore à citer en faveur de son intégrité, de sa délicatesse; combien d'enfans sauvés, de réputations ménagées, etc. mais je me tais sur des événemens qu'il ensévelit lui-même dans le plus profond oubli.

Si l'espérance d'un succès le combloit de satisfaction, les cas où la chirurgie est malheureusement insuffisante ne lui causoient pas moins de regrets. Ces sentimens opposés partoient de la même source, ils décéloient la bonté de son ame et lui faisoient également honneur. Ami de la vérité il ne sut jamais la trahir. Ce malheureux à qui il apprenoit que l'art ne pouvoit rien pour lui étoit satisfait de sa courageuse franchise, et consolé par ses discours charitables et affectueux.

Je ne dirai rien de sa modestie, toujours elle l'empêcha de se prévaloir des rares avantages qu'il possédoit. Il n'étoit point de ces hommes fastueux dont la vertu veut un théâtre, et qui n'auroient point de plaisir à faire le bien s'ils étoient obligés de le faire sans témoins; lui, au contraire, couvert du voile de la discrétion, pénétroit dans l'asyle du pauvre sans être pour ainsi dire apperçu, il le consoloit et répandoit sur lui à pleines mains, avec les bienfaits de son art ceux de la charité la plus touchante.

Tant de qualités devoient naturellement rendre Mr. Pamard recommandable; elles durent aussi lui attirer quelques tracasseries, quelques jaloux; le mérite en a toujours.

Il existoit encore dans ce temps-là une distinction humiliante entre les Médecins et les Chirurgiens ; les premiers affectoient les prééminence et en jouissoient réellement par la faute des opérateurs. Humblement soumise à la Médecine, la Chirurgie, cette branche de l'art de guérir si utile, si intéressante n'étoit exercée que par des hommes, ou plutôt par des instrumens, qui divisoient, retranchoient, mutiloient toujours sous la direction et l'influence des Médecins. Il n'étoit pas possible qu'un homme dont les sentimens étoient nobles, élevés, qui joignoit tant de vivacité à tant de lumières restât long-tems soumis à un empire aussi odieux. On le vit dès les premiers pas disposé à en secouer le joug et l'on fit tout ce qu'on put pour le faire peser sur lui d'une manière plus particulière ; mais tout fut inutile. Féconde en expédients la méchanceté humaine eut recours à un moyen qui réussit presque toujours. On chercha à lui imprimer un de ces noms que le peuple retient aisément, qui dispensent de tout examen et qui suffisent pour jetter de la défaveur sur le mérite le plus distingué. On l'appella homme à système, bon Opérateur, mais mauvais Médecin. Le public n'y fut pas trompé et sa confiance n'en fut point affoiblie. M. Pamard se vengea de ses adversaires en arrachant la Chirurgie au despotisme des Médecins, en la séparant de leur domaine et en l'élevant à l'indépendance et à la dignité dont elle jouit depuis cette époque.

Utile à l'Art, utile à l'humanité il méritoit des distinctions honorables. En 1772 la société royale des sciences de Montpellier lui envoya des lettres d'associé correspondant. Celle de Dijon voulut le compter parmi ses membres.

En 1776 il fut appellé par le vœu de ses concitoyens à remplir une place de second Consul de la ville d'Avignon. Il y porta la droiture et le désintéressement à la faveur desquels il se réserva la liberté d'opinion, si nécessaire dans ces sortes d'emplois. Témoin alors de scènes d'un autre genre, il vit toutes les passions sans en ressentir aucune que celle d'opérer en qualité de Magistrat, tout le bien qu'avoit coûtume de faire l'homme privé. Incorruptible et ferme il jugea comme la Loi, par les seules regles de l'équité et non par aucune impulsion étrangère.

Etant à Valence en 1783, où il venoit de faire plusieurs opérations qui avoient eu le plus brillant succès, la faculté de Médecine de cette Université lui offrit des lettres de Docteur qu'il accepta. Enfin la ci-devant Académie royale de Chirurgie mit le comble à sa gloire en plaçant son nom sur la liste de ses associés en 1784.

Cette dernière faveur le remplit de joie. Il y fut aussi sensible que s'il ne l'avoit pas méritée. Elle releva son courage que l'âge, les sollicitudes domestiques, les tracasseries du monde et l'ingratitude avoient un peu abattu, et il continua de travailler avec l'ardeur et la vivacité qui lui étoient naturelles.

La vérité fut son idole, toujours il la défendit avec chaleur. Doux et coulant sur tous les autres points, sur celui-là seul il étoit intraitable.

L'intérêt qu'il témoigna pour elle le fit traiter souvent d'homme vif, emporté. Que les ames pusillanimes s'applaudissent de ce qu'elles appellent prudence, sagesse, lenteur. M. Pamard étoit du nombre de ces hommes ardents, prompts à mettre en œuvre ce qui leur paroît utile et bon en dépit des clameurs et des obstacles. Ceux qui ont moins de sagacité, de pénétration ne voient pas aussi-bien, ils doivent être plus réservés, plus timides, lui, ne pouvoit hésiter qu'en dérogeant à ses lumières, qu'en trahissant la vérité et jamais il ne se rendit coupable de cette lâcheté. Ni le désir de ménager sa réputation, ni le besoin de s'attirer des égards par condescendance, rien ne put l'y conduire, il étoit inflexible quand il croyoit avoir pris le bon parti et rarement il s'y trompa. Encouragés par sa fermeté, par sa constance inébranlable, quelques malades évidemment sauvés par des procédés dont chacun blâmoit auparavant la hardiesse et la rigueur justifièrent sa conduite et servirent à prouver que ce qu'on avoit appellé chez lui entêtement, opiniâtreté, n'étoit rien autre chose que ce sentiment de confiance en ses propres forces, qui a été toujours le partage des hommes distingués ; en un mot qu'un respect inviolable pour la vérité.

Je n'ai encore considéré M. Pamard que sous les rapports qui le lioient à la société publique, qui lui donnoient des droits aux louanges de la postérité. Son éloge demeureroit incomplet, si je ne m'arrêtois quelques instans sur ses vertus domestiques.

Père tendre et sans aveugle prédilection, il avoit pour tous ses enfans une égale sollicitude. Sa générosité envers eux eût été un véritable dépouillement s'ils n'avoient pas eu la délicatesse d'y mettre des bornes. Fils aimant et respectueux, parce qu'il étoit père sensible, il avoit à 50 ans pour le sien la soumission, la déférence d'un enfant. Ses sentimens pour lui étoient aussi délicats que vifs.

Je ne me rappelle jamais sans attendrissement une scène dont j'aime à retracer le souvenir. Mon grand-père, accablé par les ans, alloit terminer sa carrière, sa fin étoit celle du sage, son air étoit calme, son lit de mort n'inspiroit d'autres sentimens que le regret que nous avions tous de le perdre ; assis au milieu de nous, partageant nos soins et notre tristesse, mon Père prend ses crayons, ses pinceaux, il trace rapidement le portrait du mourant, et semble vouloir ainsi s'efforcer de le disputer à la mort. La sensibilité du peintre en doubla le talent, jamais on ne vit de portrait plus fidèle. Cette ébauche existe encore. Je la conserve comme un double monument de tendresse et de piété filiale. Il fournit de plus une preuve de l'aptitude de M. Pamard pour les arts. Il étoit fait pour les connoître tous, il se fut distingué également dans tous, mais il sacrifia tout à son état. Ce ne fut que par occasion qu'il fit quelques pièces de vers de société. La grace, le naturel, la vivacité qui y regnent, attestent qu'il pouvoit aspirer à plus d'un genre de gloire.

Doué d'un cœur sensible et de beaucoup d'esprit, il devoit naturellement être aimable. Sa conversation étoit animée, variée, agréable, elle rendoit sa société aussi intéressante que sa personne étoit estimable. Sa franchise, sa loyauté lui firent des amis qu'il paya du plus sincère retour. Fidèle envers eux, il ne l'étoit pas moins envers Dieu, il le chercha de bonne foi, le trouva et l'aima dans toute la sincérité de son ame.

Un génie heureux, des talens distingués dans son art, l'usage qu'il en sut faire, des connoissances variées, une sensibilité touchante, un ardent amour pour la vérité, des qualités aimables, tels furent les titres sur lesquels Mr. Pamard fonda sa réputation, et la célébrité dont il jouit. Pour faire aux hommes tout le bien qu'il leur souhaitoit, il lui manqua du loisir et une plus longue vie. Peu content de les avoir servis de toutes ses facultés, il vouloit encore leur être utile après sa mort. Il avoit ramassé une foule d'observations intéressantes qu'il se proposoit de publier un jour. Pendant les dix dernières années de sa vie il s'occupa sans relâche d'un ouvrage qu'il auroit pu finir s'il avoit pu s'astreindre à aucune règle, mais son esprit fécondé par le souvenir de sa longue pratique, par ses méditations, ses veilles, par son amour pour l'humanité lui fournissoit des idées en telle abondance, qu'il perdit de vue le terme où il devoit s'arrêter. Il avoit projetté d'écrire un seul volume et d'éjà il avoit assez de matériaux pour en faire au moins trois, aussi fut-il privé de la satisfaction de mettre la dernière main à son ouvrage.

Sa constitution étoit naturellement foible et délicate, le travail du cabinet, joint aux fatigues du corps altéra bientôt sa santé, il en conçut de l'inquiétude, sans rien changer, pourtant à son genre de vie. Les troubles des premiers tems révolutionnaires, l'avenir qu'ils offroient à nos yeux l'alarmèrent, il craignit pour ses enfans encore plus que pour lui, la désorganisation sociale qu'il prévoyoit mit le comble à ses chagrins, il devint sérieusement malade; bientôt son esprit et son corps étant arrivés au dernier degré de foiblesse et d'épuisement, il fut enlevé à sa famille désolée, aux malheureux, à son pays le 2 janvier 1793. Sa perte dut être bien sensible, puisqu'elle excita par-tout des regrets dans un temps où le sentiment des misères communes sembloit avoir épuisé la mesure de la sensibilité humaine.

F I N.